A. LARTIGUE

LA RÉFORME

DE

L'HÉRITAGE

PARIS

IMPRIMERIE R. VENEZIANI
8, Rue Ménars, 8

1911

A. LARTIGUE

LA RÉFORME

DE

L'HÉRITAGE

PUBLIÉ

PAR

LA L∴ "LA ROSE ÉCOSSAISE"

LA RÉFORME

DE

L'HÉRITAGE

Aux yeux de beaucoup de personnes, auxquelles les questions juridiques ne sont pas familières, la Réforme de l'Héritage peut n'avoir qu'une importance secondaire. Pour les juristes et pour tous ceux qu'intéresse le progrès social, elle est d'un intérêt capital. Il est hors de doute, en effet, que l'hérédité telle qu'elle est instituée par notre code datant déjà d'un siècle, et basée sur des principes encore plus anciens, ne répond plus aux nécessités du progrès moderne.

Un étude sur la question nous paraît donc arriver à son heure.

La Réforme peut être envisagée à deux points de vue. Le premier, et pour nous le seul important, est la Réforme juridique de l'héritage; le second, la Réforme fiscale de l'héritage, n'est, à notre avis, envisagé par quelques-uns, qu'à cause de son importance vis-à-vis des nécessités budgétaires. Nous en dirons seulement quelques mots, voulant surtout étudier cette question au point de vue du droit.

Nous commencerons par l'historique des successions dans l'antiquité, les principes d'où provient la législation actuelle prenant leur origine dans les temps reculés. Nous donnerons ensuite la théorie de l'héritage en France, la façon dont il se transmet actuellement, afin d'en faire ressortir les avantages et les défauts.

La définition de l'héritage découle entièrement de l'idée de propriété.

Dalloz la décrit ainsi :

« Le droit de succession se lie intimement au droit de propriété, à la constitution de la famille, et quelquefois, aux institutions politiques. On l'a donc réglé avec soin chez tous les peuples policés, et c'est un des modes de transmission des biens qui présente dans l'histoire le plus de variétés et de vicissitudes. » D'après lui la succession *ab instestat* a son principe dans le droit naturel et n'est pas une pure création du droit civil.

Cette conception se comprend aisément lorsqu'il s'agit des héritiers en ligne directe ou en ligne collatérale non éloignée. Mais est-ce aussi évident pour les degrés éloignés de la parenté et les successions testamentaires? « La loi naturelle, dit Montesquieu, ordonne aux pères de nourrir leurs enfants, mais elle n'oblige pas de les faire héritiers; le partage des biens, les lois sur ce partage, les successions après la mort de celui qui a eu ce partage, tout cela ne peut avoir été réglé que par la Société et par conséquent par des lois politiques ou civiles. »

Disons d'abord rapidement de quelle façon le droit d'héritage était conçu dans l'antiquité, et comment il s'est successivement transformé pour arriver au droit actuel.

Chez les peuples les plus reculés dans l'antiquité, notamment chez les Assyriens, et quelques peuplades orientales, la succession découlant naturellement du droit de propriété, ne pouvait exister dans un Etat où la domination absolue du souverain le rendait seul maître de tous les biens, et où les sujets n'avaient qu'une possession précaire. Le Roi avait le domaine de la terre; le peuple n'était qu'un simple concessionnaire à temps, payant une redevance à l'Etat. Il ne pouvait y avoir et il n'y avait pas d'héritage.

Chez les Egyptiens, cependant, apparaissent les premiers symptômes du droit de propriété. Monarchie théocratique, l'Egypte était divisée en trois castes: les Prêtres, les Guerriers et le Peuple.

Les deux premières de ces castes pouvaient, seules, avec le roi, posséder et transmettre la propriété de la terre. Le peuple, lui, ne possédait qu'un colonage héréditaire, sous la charge d'une redevance d'un cinquième.

La législation des Hébreux en matière de succesion, qui nous est plus connue, a dû, plus ou moins, être empruntée à celle des Egyptiens. Ce fut, en effet, en Egypte que Moïse donna sa loi au peuple Hébreu.

C'est à ce moment que nous voyons réellement apparaître l'idée de succession et de transmission des héritages et de la propriété. Moïse en effet avait fait le partage des terres et avait assuré la perennité de l'héritage dans la même famille, au moyen de la succession *ab intestat*. Sa loi déterminait les différents degrés de successibilité et appelait tour à tour à l'hérédité les descendants, ascendants et collatéraux.

Comme on peut le remarquer, il y a dans cette conception, l'embryon du droit successoral tel qu'il est déterminé actuellement.

Si nous passons à la Grèce nous voyons que les deux principaux législateurs furent Lycurgue pour Sparte, et Solon pour Athènes.

Les lois de Solon s'étendirent bientôt aux autres cités grecques qui adoptèrent ce type de législation.

Elles admettaient l'hérédité. Les mâles avaient un droit de préférence sur les filles, lesquelles avaient seulement droit à une dot. Entre descendants mâles, le partage se faisait par portions égales, sans droit de primogéniture et sans que le père put déroger par testament à cette égalité. Le testament n'était permis qu'en faveur des collatéraux.

A Sparte, seuls quelques citoyens avaient de grandes possessions, la plupart vivaient dans l'indigence. Les riches dédaignaient ou méprisaient les pauvres; les pauvres enviaient et accusaient les riches.

Lycurgue crut ramener la concorde en proclamant l'égalité des biens. Mais Sparte n'était pas une cité nouvellement habitée dont le terrain, vague et incertain, pouvait appartenir à ceux qui les premiers en feraient la conquête. D'anciennes propriétés y avaient été formées, accrues et transmises sous la protection des lois. Il fallait commencer par faire table rase de ces lois. Ce qui fut fait.

La nouvelle constitution fut donc fondée sur l'envahissement des propriétés édifiées par le temps et le travail, sur la transmission violente du domaine héréditaire des familles. La loi qui l'édifia prit ses origines dans l'action qui les détruit tous : la violation de la propriété et le mépris du droit des gens.

Lycurgue voulut abolir par la rigueur de ses institutions l'amour de la richesse et l'inégalité des fortunes (ne se croirait-on pas vraiment aux temps modernes?), mais ces deux choses devaient finir par détruire la constitution qui les avaient si longtemps méconnues et l'impulsion fut d'autant plus violente que l'obstacle avait été posé d'une main plus ferme.

Plus près de nous, à Rome, les premières lois sur la matière, sont de tous les régimes de succession que nous offre l'histoire, les plus opposés au droit naturel et aux sentiments de la famille.

Ce ne serait pas un médiocre travail que d'étudier toute la législation de la famille, bornons-nous à en étudier les principes.

La famille romaine a été, en général, une institution politique, l'Etat, jusqu'à l'Empire, n'ayant été réellement qu'une fédération de familles; petites sociétés indépendantes, que le chef, seul, représente au dehors, et dont, au dedans, il est le magistrat, le pontife et le maître.

Nous avons vu, dans les lois hébraïques, nous voyons dans le code moderne le droit de succession établi sur les liens du sang. Il semble, et non sans raison, que rien ne soit plus naturel et plus convenable que de transmettre l'hérédité à ceux que la communauté d'origine et la familiarité de la vie ont placé au premier rang dans les affections du défunt. La succession naturelle est, en quelque sorte, un testament présumé, la loi parle, à défaut du testateur. Ceci n'avait pas lieu chez les Romains, du moins chez les Romains des temps primitifs, aux origines de la République.

Quand un citoyen mourait sans avoir disposé de son patrimoine, sa succession appartenait à la famille. Mais la famille ne reposait pas, à Rome, comme chez les peuples modernes, sur cette union indissoluble que la naissance établit entre des membres ayant une commune origine de sang.

Elle était chez les Romains une condition politique indépendante des liens que nous attribuons à la famille, elle avait sa racine dans la puissance du chef, du pater familias, et non dans la communauté d'origine de tous ses membres, issus d'un auteur commun.

Etaient exclus, au contraire, et de la famille, et naturellement aussi de la succession, tous ceux qui ne se trouvaient pas sous la puissance du chef, au moment de son décès, fussent-elles unies au défunt par les liens les plus étroits.

Telle était la législation du droit quiritaire.

Plus tard, le préteur fit fléchir les rigueurs de ces principes et modifia, dans un sens plus naturel, l'hérédité au profit de personnes unies par les liens du sang.

Il supposa, qu'à la mort du père, l'enfant était encore sous sa puissance, et il lui donna, non pas encore l'hérédité, mais la possession des biens héréditaires, la puissance paternelle restant, tout au moins en apparence, la base de la succession civile.

Quand le défunt ne laissait pas d'héritiers directs on appelait à lui succéder ceux qui, comme lui, étaient soumis naguère, à l'autorité du même chef. Ces personnes se nommaient agnats; c'était la famille dans le sens le plus large du mot.

Le préteur cependant, ne s'en tint pas à cette première modification. Il décida que la « bonorum possessio », la possession héréditaire ne serait plus, seulement un supplément au droit successoral, mais qu'elle serait ce droit lui-même. En fait elle devenait la succession légale.

Il appela donc, tout à la fois, à partager les biens du père, et les enfants restés sous la puissance paternelle, et ceux qui en étaient sortis.

Néanmoins, le principe de la vocation héréditaire basé sur les liens du sang, ne fut pas étendu en dehors de la ligne directe. En ligne collatérale, les agnats, sans égard à leur degré de parenté avec le défunt, restèrent préférés aux parents qui ne faisaient plus partie de la famille.

Mais, à défaut d'agnats, le préteur appelait cependant les parents naturels jusqu'au 7ᵉ degré, sans distinction ni préférence de sexe. Enfin, à défaut de collatéraux, la femme, lorsque toutefois elle n'avait pas été soumise à l'autorité d'un autre chef de famille, c'est-à-dire lorsqu'elle n'avait pas fait partie de la famille de son époux.

C'est à ce moment que nous voyons s'adoucir le principe de l'exclusion de la ligne féminine, exclusion qui, à la différence des coutumes germaniques et féodales, n'était pas fondée sur une préférence absolue des mâles, puisque la fille, la femme, et parfois même la bru succédaient au défunt en concurrence avec les descendants mâles, mais qui reposait surtout sur le maintien politique de la famille.

L'antique esprit de la législation romaine, déjà fort affaibli par les lois des préteurs, disparut peu à peu sous l'Empire.

Plusieurs sénatus-consulte et réscrits impériaux déclarèrent héritiers légitimes des parents non soumis à l'autorité du chef de famille et vinrent bouleverser toute l'économie de l'ancienne législation.

Le sénatus-consulte Tertyllien admet ensuite la mère à la succession de ses enfants. Le sénatus-consulte Orfitien admet les enfants à la succession de la mère de préférence aux agnats maternels. Ces deux lois renversent définitivement le vieil édifice de la Loi des Douze Tables, déjà ruiné par les innovations des préteurs.

Puis la législation romaine se rapproche encore de nos lois modernes; la Novelle 118 établit le droit de succession d'après les liens du sang et la proximité du degré, sans avoir égard à l'origine ou à la nature des biens qui composent l'hérédité. Il n'y a plus alors de famille romaine dans l'acception primitive du mot, plus d'enfants sous puissance ou émancipés, plus d'agnats ni de cognats, c'est la proximité du sang qui constitue le droit.

Si nous nous sommes étendus quelque temps sur ces différentes questions du droit quiritaire, du droit prétorien et des Institutes de Justinien, questions un peu embrouillées et arides, c'est que de cet ensemble de principes on a extrait maintes règles de notre droit civil actuel, notamment en matière de législation successorale.

Il résulte de l'examen des différentes législations que nous avons rapidement parcourues que, depuis l'origine des temps civilisés jusqu'à l'heure actuelle, le droit de succession a reposé sur deux principes bien établis :

1° Le droit de transmettre la propriété acquise;

2° La vocation héréditaire résultant de la proximité du sang.

Nous ne n'entreprendrons pas l'historique des différents modes de succession parmi les peuples européens modernes; outre que cette étude risquerait de nous entraîner dans des développements qui sortiraient du cadre de cet exposé, elle n'aurait qu'un intérêt relatif pour nous, puisque les nations modernes ont adopté, comme en droit français, les mêmes principes d'hérédité. Nous signalerons seulement en passant, car nous en reparlerons plus loin, que quelques-unes en diffèrent par la distinction du degré de parenté des collateraux qui peuvent être appelés à succéder au défunt.

Il nous reste maintenant à examiner les différents modes de succession établis en France, de façon a pouvoir nous demander si, avec le progrès des idées modernes, les lois en la matière, dont les principes, ainsi que nous l'avons dit, remontent à l'origine de la civilisation, ne doivent subir nulle modification.

Et ici, que l'on nous permette, avant toute chose, une simple observation.

Nous demandons d'apporter quelques modifications au régime des successions, mais nous tenons essentiellement à ce qu'il soit bien établi que ces modifications, pas plus qu'aucune autre qui pourrait être proposée par la suite, ne puissent constituer ou même amorcer une révolution dans les principes de notre droit successoral.

L'on ne devra avoir, pour toutes réformes, toujours et uniquement pour but que l'équité et la justice, et non la spoliation de l'individu au profit de la collectivité.

Pour nous, toute réforme de l'héritage doit quand même sauvegarder, surtout en ce qui concerne la descendance directe, ces deux principes immuables de droit naturel que nous avons énoncés tout à l'heure : propriété du patrimoine, transmission aux plus proches héritiers du sang.

Il faut distinguer actuellement en France deux ordres de successions. Les successions ab intestat, c'est-à-dire celles dont la dévolution est régie par la loi, lorsqu'il n'existe pas de testament, et les successions testamentaires.

Les successions ab intestat sont réglées, tout comme dans le droit prétorien et les Institutes de Justinien, uniquement sur le degré de consanguinité avec le défunt.

Elles comprennent les successions en ligne directe, c'est-à-dire du fils au père ou aux ascendants et vice-versa, et les successions en ligne collatérale.

Il est inutile pour nous de définir les successions en ligne directe, le mot l'expliquant suffisamment.

Nous ne nous étendrons pas davantage sur la manière dont sont dévolues les successions en ligne collatérale; ce serait faire un véritable cours de droit, d'autant plus que nous serions obligés d'entrer dans une foule de détails sur les attributions qui peuvent être faites aux lignes paternelles ou maternelles dans ces sortes de successions, et que ces explications n'ont aucune utilité pour arriver à nos conclusions.

Il nous suffira d'examiner jusqu'a quel degré doivent être attribuées les successions ab intestat en général.

En ligne directe, nous sommes d'avis de maintenir les dispositions du Code civil, c'est-à-dire d'attribuer la vocation héréditaire aux ascendants ou descendants quelque soit le degré, légitime ou naturel, et même, si comme nous l'espérons, le code civil venait à être modifié sur ce point, aux descendants directs adultérins ou incestueux.

En ligne collatérale, les législations des différents pays modernes varient sur la détermination du degré de parenté auquel s'arrête la vocation héréditaire.

Tandis qu'en Espagne, et dans les Républiques Sud-Américaines: Pérou, Chili, Argentine, la vocation héréditaire s'arrête au sixième degré, c'est-à-dire au degré de cousin issu de germain, dans le canton de Genève, le dernier degré successible s'étend au huitième, au dixième en Italie et en Portugal et enfin au douzième en Belgique, en Hollande et aussi en France.

Si l'on veut se rendre compte de l'éloignement de parenté que constitue ce douzième degré auquel en France on hérite, il faut, pour le calculer, remonter en ligne directe du défunt à l'aïeul commun, pour redescendre ensuite jusqu'à l'héritier. Autrement dit l'arrière-petit-fils du petit-fils de l'aïeul commun peut hériter dans la ligne collatérale du même arrière-petit-fils du petit-fils du même aïeul.

Il est évident qu'aucun lien d'affection ou même d'intérêt ne peut exister du fait de cette parenté entre deux individus aussi éloignés qui, d'ailleurs, souvent non seulement ne se sont jamais vus, mais peuvent s'ignorer entièrement. A tel point que parfois la révélation de la succession de ce parent ne leur est faite que par des agences spéciales.

La réforme doit donc porter sur la limitation du degré de parenté auquel doit s'arrêter la vocation héréditaire.

Nous proposons de décider que la dévolution ab intestat dans la ligne collatérale s'arrêtera au sixième dègré, c'est-à-dire aux cousins issus de germains.

A défaut de parents de ce degré, la succession du défunt retournerait entièrement à l'Etat.

Mais encore, en cette matière, il est une réforme sur laquelle nous avons le devoir d'insister tout particulièrement.

Dans notre droit civil actuel, le conjoint survivant sans descendant direct n'est héritier qu'après les collatéraux au douzième degré, dans les successions *ab intestat*. Si le degré successible était ramené au sixième, ainsi que nous le demandons, il n'hériterait qu'après eux. Cela résulte de l'art. 767 du Code civil modifié par la loi du 9 mars 1891. Cette loi confère seulement à l'époux survivant un droit d'usufruit qui peut atteindre au maximum la moitié de la succession du défunt.

Bien que cette loi soit déjà une amélioration sur la législation antérieure, nous estimons que le droit d'usufruit concédé au conjoint survivant, au cas où il n'y a que des collatéraux, n'est pas suffisant. Nous demandons que le conjoint survivant ait tout au moins l'usufruit de la totalité de la succession du défunt, la nue-propriété restant aux héritiers du degré successible.

Il nous reste à dire quelques mots des successions testamentaires.

Nous sommes complètement opposés à la limitation du droit de tester.

Ce droit, ainsi que nous l'avons déjà établi, fait partie intégrante du droit de propriété, résultant lui-même de l'instinct de la propriété. Il est imprescriptible.

La réforme de l'héritage se borne donc, d'après nous, à une modification du degré successible en ligne collatérale.

Nous croyons qu'il ne serait pas juste de toucher aux successions en ligne directe et provisoirement de modifier plus profondément les successions en ligne collatérale.

La réforme qui nous paraît accessible est donc, en somme, peu de chose.

Nous estimons d'ailleurs que c'est sur le seul point de droit, de justice, d'égalité que cette question doit s'imposer à notre attention.

Mais, peut-être certains ont-ils considéré la réforme à un point de vue plus matériel.

Peut-être ont-ils voulu envisager la question sous le point de vue suivant : Réforme financière de l'Héritage?

Nous pensons qu'ils ont tort, mais sur ce point également nous exposerons franchement ce que nous pensons de cette interprétation de la Réforme.

Tout Etat doit posséder pour fonctionner régulièrement un certain nombre de services publics dont les rouages sont d'autant plus compliqués que la nation est plus avancée en civilisation, en activité et en progrès social.

Pour subvenir à l'entretien de ces services, il est indispensable que l'Etat puisse disposer de ressources qui devront s'accroître d'une façon régulière et périodique, au fur et à mesure de son développement économique.

A cet effet, les Etats ont créé des budgets de recettes auxquels chaque citoyen devrait, en théorie idéale, apporter sa contribution personnelle dans la mesure de sa fortune et de ses ressources.

Malheureusement, en pratique, il n'en est pas toujours ainsi. Les impôts créés justement pour alimenter le budget des recettes ne représente pas toujours, pour tous, l'équité absolue. Certains frappent d'une manière à peu près générale, parce que ce ne sont que des impôts de consommation atteignant indistinctement le riche et le pauvre. Ce sont les impôts indirects.

D'autres, au contraire, frappant personnellement le citoyen, se trouvent déterminés d'une manière plus ou moins juste par les signes extérieurs de la richesse. Ce sont les impôts directs, et l'impôt sur les successions est de ce nombre.

Il suit de ce que nous venons de dire que certaines impositions, non équitablement réparties, devraient être supprimées. Mais l'Etat cherchant toujours, pour subvenir aux intérêts généraux, à accroître ses ressources, il lui importe de trouver où il doit frapper pour obtenir les fonds nécessaires à l'entretien et au progrès de ces intérêts.

Tout le monde sait qu'une des ressources les plus abondantes de recettes pour un Etat est naturellement l'impôt sur les donations entre-vifs et les successions, par la raison que la richesse individuelle moyenne en France est considérable et que cette source de revenus est la plus facile à atteindre, par la mainmise immédiate que l'Etat peut avoir sur les donations et successions.

Loin de nous la pensée de nier que l'Etat, qui assure la transmission des biens, n'ait droit à une rémunération des services qu'il rend ainsi à chaque individu composant la Société, à une contribution d'un caractère identique aux autres contributions et concourant avec celles-ci à fournir une quote-part en vue de faire face aux dépenses communes.

Mais, dans aucun cas, cette contribution ne peut être prélevée par l'Etat à titre de copropriétaire. Une thèse semblable serait la négation de tous les principes de notre droit public et de notre droit civil, soit sur la nature et les conditions de l'impôt, soit sur la plénitude et l'indépendance du droit de propriété, tel qu'il est défini avec une énergique précision par les articles 544 et 545 du Code civil.

Ce qui aurait pu faire considérer la question sous ce point de vue c'est, ainsi que nous venons de le dire, que les gouvernements ayant de plus en plus de pressants besoins d'argent, songent d'abord à prélever un impôt là où le recouvrement leur fournit les moindres difficultés d'encaissement.

Or l'Etat qui assure la transmission des biens arrête facilement au passage le paiement de l'impôt. Les successions sont donc pour lui une source toute trouvée de bénéfices certains.

Il en use largement d'ailleurs; nous n'en voulons pour preuve que la loi du 25 février 1901 qui a rendu l'impôt progressif, la loi du 8 avril 1910 qui en a encore augmenté la quotité et enfin le dernier rapport de M. Klotz sur le budget de 1911 dans lequel, pour combler un déficit de 53 millions on en demande quatorze, soit bien près du tiers, toujours à un nouvel impôt sur les successions.

Nous estimons que dans cet ordre d'idées la progression ne peut pas être indéfinie. N'oublions pas, en effet, que la fortune nationale se compose de l'ensemble de tous les patrimoines particuliers et que ces patrimoines sont surtout composés par de petites et de moyennes fortunes.

Consultons, au hasard, l'état des successions dans une année ordinaire.

Nous y voyons :

119.539 successions de 1 à 500 pour 30.000.000
107.585 successions de 500 à 2.000 pour 130.000.000
103.157 successions de 2.000 à 10.000 pour 500.000.000
42.042 successions de 10.000 à 50.000 pour 900.000.000

pour terminer par seulement 3 successions supérieures à 500.000.000 et produisant seulement 250.000.000 de francs.

Les successions inférieures à 100.000 francs représentent donc plus de 40 0/0 de la masse, celles de 100 à 250.000, 16 0/0 et celles de 250 à 500.000, 11 0/0.

Au-dessus, les grosses successions ne représentent plus que peu de chose, 22 1/2 0/0.

C'est donc bien la petite et la moyenne fortune qui supporte la majeure partie de l'impôt.

Il ne faudrait pas sur ce point trop exagérer; la tentation de la progression et la facilité de l'opération étant si grandes que l'on pourrait vite courir à l'excès.

Mesurons le chemin déjà parcouru depuis 1901. A cette date le droit en ligne directe était uniformément de 1,25 0/0, il va maintenant jusqu'à 7 1/2 0/0. Il est sextuplé. Entre époux il peut aller jusqu'à 12,25, c'est-à-dire quadruplé; entre frères et sœurs à 18,45, il est triplé; entre oncles et tantes, neveux et nièces, à 23 0/0, il est quadruplé; entre grands-oncles, grand'tantes, petit-neveux, petites-nièces et cousins germains à 26 0/0, également quadruplé; enfin entre parents au-delà du quatrième degré et étrangers, il peut s'élever à 29 0/0, il est plus que triplé, et cependant, malgré ce taux énorme, les parents éloignés et les étrangers sont mieux traités que les héritiers en ligne directe.

Il ne nous paraît pas juste de remanier constamment et surtout de surcharger sans cesse les règlements fiscaux en matière de succession.

Il est utopique de vouloir arriver par ce moyen à cette idée chère à quelques-uns de la péréquation des richesses.

Ce serait tenter alors de faire rentrer chaque fortune particulière dans le Trésor public, ce serait le retour au temps féodal, le retour à l'autocratie du pouvoir, non plus exercé par un seul, mais par un groupe d'hommes politiques.

Nous réprouvons de la manière la plus énergique la réforme de l'héritage ainsi comprise.

Nous réprouvons de la même manière les réformes exposées dans un projet soumis à la dernière Chambre et qui constituent un véritable moyen d'expropriation, de spoliation.

D'après ce projet, dans tous les cas où une succession ouverte en France et régie par la loi française comprendrait des fonds publics, actions, obligations, parts d'intérêts, créances et généralement des valeurs mobilières déposées ou existant à l'étranger, les héritiers, donataires ou légataires, ne pourraient se faire remettre les dites valeurs qu'après avoir obtenu de l'Etat français un envoi en possession spécial.

Ils perdraient toute vocation héréditaire et tous droits aux donations et legs portant sur ces mêmes valeurs, s'ils n'avaient pas fait leur déclaration dans les délais fixés.

Et, proposition plus grave encore, faute par eux d'avoir accompli ces formalités en temps utile, l'envoi en possession serait prononcé au profit d'un autre successible qui les aurait dénoncés au fisc et qui serait censé avoir succédé seul et immédiatement au défunt sur les biens dénoncés.

Ce serait alors la délation organisée et protégée par la loi.

Nous comprenons parfaitement que l'Etat, en présence des dépenses considérables nécessitées par les lois sociales, ait besoin de réprimer les fraudes en matière de succession. L'impôt augmentant sans cesse, les héritiers cherchent de plus en plus à s'y soustraire.

Mais nous ne comprendrions pas que l'on puisse chercher à y arriver par des moyens qui violent les principes les plus sacrés et les plus légitimes de notre droit naturel.

Au lieu de frapper toujours à la même porte, que ne cherche-t-on à réaliser des économies?

Nous espérons que nos gouvernants voudront bien quelque jour s'occuper de cette question dont l'utilité nous paraît primordiale. Il est inadmissible de penser que, chaque fois qu'un déficit apparaîtra, chaque fois qu'il faudra trouver des ressources nouvelles pour de nouvelles dépenses, c'est, la plupart du temps à l'impôt sur les successions qu'on le demandera. Avec le principe de la progression qui lui a été appliqué, comment prévoir où l'on s'arrêtera?

Il nous paraît donc inutile, à moins que l'on ne se laisse entraîner à tenter cette dangereuse expérience de l'expropriation totale des successions au profit de l'Etat, d'accentuer la réforme de l'impôt financier qui frappe les successions tel qu'il existe à l'heure actuelle. Cet impôt peut même paraître, dans certains cas, trop onéreux pour la descendance directe.

La seule réforme que nous puissions proposer et que nous proposons ne peut être, nous le répétons, qu'une réforme purement juridique des successions collatérales.